ARTHUR DE LA BORDERIE

Membre de l'Institut

LA GUERRE

DE

BLOIS & DE MONTFORT

LA COMTESSE DE MONTFORT & LE SIÈGE D'HENNEBONT

(JUIN 1342)

VANNES

IMPRIMERIE LAFOLYE

1899

LA GUERRE DE BLOIS & DE MONTFORT

EXTRAIT DE LA *Revue de Bretagne, de Vendée et d'Anjou.*

ARTHUR DE LA BORDERIE
Membre de l'Institut.

LA GUERRE
DE
BLOIS & DE MONTFORT

LA COMTESSE DE MONTFORT & LE SIÈGE D'HENNEBONT

(JUIN 1342)

VANNES
IMPRIMERIE LAFOLYE

1899

LA GUERRE

DE

BLOIS ET DE MONFORT

La comtesse de Montfort et le siège d'Hennebont[1]

(juin 1342).

« Quand ce vint sus le printemps et que la douce saison fut « retournée (dit Froissart), messire Charles de Blois envoia ses mes- « sagers en France, et par especial le seigneur de Biaumanoir, devers « le roi son oncle, pour prier que il li volut envoier gens qui lui ai- « dassent à reconquérir le demorant dou païs de Bretagne. Li rois « s'inclina à cette prière et manda au comte Raoul d'Eu son connes- « table que il feist son mandement de gens d'armes et d'arbalestriers « et s'en allast en Bretagne. Le duc de Bourbon, les comtes de Blois « et de Vendôme, messire Louis d'Espagne, les sires de Chastillon, « de Couci, de Montmorenci, de Saint-Venant et grand foison de la « barounie et chevalerie de France se ordonnèrent et se mirent en « chemin[2]. » Quinze jours après environ ils arrivèrent à Nantes, où se devait faire la concentra ion.

La trève du 1er mars entre Jeanne de Flandre, comtesse de Montfort, et Charles de Blois se prolongeant jusqu'au 15 avril, la guerre ne put recommencer que dans la seconde moitié de ce mois. Selon Froissart, l'armée française comptait 6,000 hommes d'armes et 12,000 hommes « à lances et à pavois », y compris les arbalétriers génois[3]. L'objectif de la campagne tout indiqué fut Rennes : la

[1] Extrait du troisième volume de l'*Histoire de Bretagne*, de M. de la Borderie, qui paraitra à la fin du mois prochain.

[2] Froissart, édition Luce, II, p. 351, ms de Rome.

[3] Id. *Ibid*. Six mille hommes d'armes ou lances garnies avec les servants, cela implique au moins 18,000 hommes ; voir du Cange au mot *Lancea*.

grande force de Charles de Blois consistant dans les secours qui lu venaient de France, il importait de rendre libre cette porte de communication entre la France et la Bretagne, d'autant que Rennes aux mains de l'ennemi était une menace continuelle contre Nantes.

L'armée française dut mettre le siège devant Rennes vers la fin du mois d'avril. Cette ville était bien fortifiée, bien approvisionnée, munie d'une bonne garnison aux ordres d'un chef très brave et très résolu, Guillaume de Cadoudal. Pour ne pas donner à l'ennemi l'avantage de se loger dans les faubourgs qui étaient fort étendus, Cadoudal sans hésiter les brûla. Il se défendit très bien : il résista « assez longuement » à tous les assauts livrés par les Espagnols et les Génois dont les Français « avoient grant foison dans leur ost, » ainsi qu'aux grosses pierres jetées dans la ville par les « grands engins » dressés contre ses murailles. Le siège n'avançait guère, mais il fatiguait les habitants astreints à un pénible service, exposés à recevoir de temps à autre quelques-unes des grosses pierres lancées par les engins, fort ennuyés de voir leurs biens ruraux pillés, dévastés par l'ennemi, tout cela pour une cause qui les laissait froids, car au début de cette lutte la plupart des Bretons, surtout ceux du tiers-état, ne tenaient bas plus à Blois qu'à Montfort.

Les bourgeois de Rennes allèrent donc remontrer à Cadoudal que n'ayant pas l'espoir d'être secourus, ils finiraient par être obligés de se rendre, et que mieux valait le faire tout de suite pour s'épargner les calamités d'un long siège. Le capitaine s'y refusa absolument. Peu de temps après, une nuit pendant son sommeil les bourgeois le surprirent, l'enfermèrent très soigneusement en prison, et envoyèrent une députation au camp de Charles de Blois pour traiter de la reddition de la ville. Pardon général pour les partisans de Montfort, liberté pour la garnison et le gourverneur de se retirer où ils voudraient, si mieux n'aimaient s'engager dans l'armée de Blois : telles furent les conditions stipulées par les Rennais et acceptées par les assiégeants. Pendant que les vainqueurs entraient dans Rennes par une porte, Cadoudal et sa troupe sortaient par l'autre et se rendaient directement auprès de Jeanne de Flandre[1].

[1] Sur le siège et la prise de Rennes, voir Froissart édit. Luce, II, p. 138, 141 ; 348, 349, 351 ; 355, 356.

Cette princesse n'était plus à Brest ; pour être mieux en situation de s'opposer à l'invasion française, elle s'était rapprochée de l'Est et enfermée dans Hennebont, petite place mais très forte alors, communiquant à la mer par le Blavet, et où il serait facile de recevoir les secours de troupes promis par Edouard III, roi d'Angleterre.

La comtesse de Montfort, dès qu'elle sut la prise de Rennes, se prépara à être assiégée. C'était forcé. En prenant le comte de Montfort les Français avaient cru tuer son parti ; la comtesse l'avait relevé ; mais elle, si on la prenait, ce serait fini, il n'y aurait plus de chef possible, car son fils âgé de trois ans ne comptait pas ; un parti sans chef est mort. Vainqueurs de Rennes, croyant Hennebont bien plus facile à soumettre, les Blaisiens ne doutaient pas du succès. Avant de se diriger vers cette ville, ils voulurent s'assurer de diverses places du pays rennais, entre autres du fort donjon de Saint-Aubin du Cormier qui après une assez vive résistance se rendit[1].

Tous ces événements, y compris la prise de Rennes, occupèrent la plus grande partie de mai, jusque vers le 20 probablement. De Rennes à Hennebont en ligne droite il y a trente et quelques lieues. Une armée nombreuse, médiocrement disciplinée et chargée de bagages, dut mettre environ une huitaine de jours à franchir cette distance. Les Français arrivèrent donc devant Hennebont dans les derniers jours de mai. En voyant la force de la place, Charles de Blois et les autres chefs de l'armée, prévoyant un long siège, firent établir pour leurs troupes des logements solides, de fortes tentes et et des baraquements[2]. Avant même d'avoir assis leur camp, dès le jour de leur arrivée « aucuns jeunes compagnons, génois, espa- « gnols et françois » attaquèrent vigoureusement les barrières de la ville. On appelait *barrières*, *bailes*, *bailles* ou *lices*, des fortifications avancées (palissades et fossés) qui protégeaient les portes de la

[1] « Insuper Pagilio de S. Egidio reddidit castellum S. Albini de Cormerio eidem Karolo (de Blesis), eique fecit homagium » (*Chronogr. reg. Franc.*, II, p. 195). La *Chronographie* mentionne à tort une première attaque de Saint-Aubin du Cormier en 1341, voir p. 184.

[2] « Quant messires Carles de Blois et li signeur franchois furent aprochiet de la ville de Hainbon, et ils la virent forte et bien breteskie, ils firent leurs gens logier et amanagier enssi qu'il apartient quant on voelt faire siège. » (Froissart-Luce, II, p. 357).

place, les courtines avoisinantes et parfois même enveloppaient toute l'enceinte murale. Les assiégeants, à cette époque, attaquaient souvent les bailles ou barrières dans l'espoir d'en déloger les défenseurs et de profiter du désordre causé par leur rentrée précipitée dans la ville pour s'y introduire avec eux. Les Montfortistes ne se laissèrent pas intimider par cette brusque attaque ; ils sortirent des barrières et repoussèrent vivement les Blaisiens[1].

Ceux-ci dressèrent alors leur camp dans l'intention de faire un siège en règle. Ils ne purent toutefois investir complètement les défenseurs d'Hennebont, « car devers la marine qui là vient cotidien- « nement du (côté du Blavet où remonte la mer) ne les pouvoient- « ils contraindre[2]. » D'ailleurs, la ville assiégée en 1342 n'était certainement pas le Vieil-Hennebont situé sur la rive droite du Blavet, mais le Hennebont qui se dresse aujourdhui sur la rive gauche, et bien que la porte de Broërec et les vieilles murailles dont des débris assez importants subsistent encore ne datent que des XVe et XVIe siècles, l'enceinte qu'elles dessinent reproduit très probablement celle de 1342.

Depuis la prise de Rennes beaucoup de barons de Bretagne ayant rejoint Charles de Blois « se tenaient près de lui en noble convoi d'armée, à grant foison de pennons et de bannières qui par l'air ventiloient[3] » On acheva de dresser des tentes et des logements pour tout ce monde, et le troisième jour du siège on assaillit de nouveau les bailles, mais beaucoup plus fortement que le premier jour, « pour voir la contenance de ceux de dedans (dit Froissart) et si l'on ne pourroit rien y conquester. » L'attaque commencée dès six heures du matin ne finit qu'à trois heures après midi ; le combat fut très rude, les Blaisiens n'y eurent pas plus de chance que le premier jour. Quand ils se retirèrent, ils laissèrent sur le terrain « grant foison de morts et en ramenèrent plenté (abondance) de blessés[4]. »

[1] Froissart-Luce II, p. 143 et 357.

[2] Le Baud, *Hist. de Bret.* ind, Nat. ms. fr. 198 v°. Froissart, ms. de Rome dit aussi : « Asegièrent Hainbon par terre et environnèrent si avant qu'ils porent, car au lès deviers la mer ils ne pooient bastir nul siège » (Edit. Luce II, p. 358).

[3] Flottaient au vent Le Baud, *Ibid.*.

[4] Froissart, éd. Luce II, p. 143.357-58, 359.

Les chefs de l'armée franco-bretonne, très irrités de ce second échec, résolurent de le venger à tout prix et, au lieu de s'en prendre aux barrières, de donner l'assaut au corps de la place. Quelques chroniqueurs semblent dire que cet assaut eut lieu le jour même de la seconde attaque contre les bailles, mais ce n'est guère possible. L'armée du siège était trop ébranlée par un effort aussi long, aussi violent, aussi infructueux ; il lui fallait un peu de temps pour se rasseoir. D'ailleurs, un assaut même par escalade demande quelque préparation. Il eut donc lieu au plus tôt le lendemain, peut-être deux ou trois jours plus tard.

Les Franco-Bretons assaillirent non plus les bailles, mais les murailles de la ville là où ils pouvaient les atteindre directement. Ils les attaquèrent avec toutes leurs forces, avec toute vaillance et toute violence. La résistance dirigée personnellement par Jeanne de Flandre fut digne de l'attaque. Voyez le tableau que nous en ont tracé nos vieux chroniqueurs :

« La comtesse de Montfort, très bien armée, montée sur un bon coursier, chevauchait par les rues de Hennebont, exhortant ses gens de courageusement résister aux assaillans. Par les dames, demoiselles, bourgeoises et femmes de la ville faisoit briser les pavements des rues et en porter les quartiers aux créneaux et aux guérites des tours pour trébucher[1] sur les adversaires, et aussi faisoit-elle assorter[2] *les canons et bombardes* ès lieux plus convenable pour grever les ennemis : tant que les habitants de Hennebont, gens de guerre et autres, excitez par sa voix courageuse, couroient où le péril estoit plus grand pour résister aux assaulx des François, et de grant pouair jettoient du haut des murailles des pierres pesantes, des pots pleins de chaux vive, des eaux bouillantes qu'ils versoient à grant effort, et trébuchoient en bas les eschielles chargées de François qui contre ceux murs de toute leur force rampoient[3]. »

[1] Pour les précipiter.

[2] Disposer

[3] Voir Le Baud, *Hist. de Bret.* inéd. f. 199. cf. Froissart-Luce, II, p. 143-44 358-59. Froissart parle aussi de bombardes employées dans la défense de Hennebont : « Faisoit (la comtesse) aporter *bombardes* et pots pleins de chaux vive pour getter sur les assaillans » (*Ibid.* p. 144-353).

L'assaut durait depuis assez longtemps. Voulant connaître la physionomie générale de la bataille, la contenance et la position des assaillants, la duchesse de Bretagne monte sur une des plus hautes tours de la ville : promenant son regard au-dessous d'elle, elle remarque tout à coup que le camp des assiégeants n'est pas gardé, la plupart des troupes prenant part à l'attaque de la ville et les autres s'étant rapprochés du théâtre de la lutte pour en suivre les péripéties. La comtesse en hâte descend de la tour, forme un gros de trois cents cavaliers, sort par une porte que l'ennemi fortement engagé ailleurs ne surveille pas, et faisant un détour arrive en quelques minutes derrière le camp français. Elle n'y trouve que quelques gardiens de bagages, cuisiniers, palfreniers, qui se sauvent à toutes jambes dès qu'ils la voient. Se jetant alors à travers le camp avec ses trois cents hommes armés de torches, elle met le feu partout. Tentes et baraques brûlent comme des allumettes ; en un instant tout le camp est un feu. Malgré leur acharnement contre les murs d'Hennebont, les assaillants aperçoivent bientôt cette immense flambée et en criant : Trahison ! trahison ! — lâchent la ville pour tâcher de sauver leur camp... Trop tard. Il n'en reste plus que des charbons et des cendres chaudes[1]. — On ne tarde pas à découvrir d'où vient le coup. Messire Louis d'Espagne, maréchal de l'armée franco-bretonne, s'écrie :

— « Tôt aux chevaux ! Cette femme et sa bande ne rentreront jamais en Hennebont ni en nulle forteresse de Bretagne. Ils sont à nous : sans quoi jamais n'aurons-nous la fin de cette guerre[2] ! »

S'imaginant que Jeanne de Flandre va essayer en effet de rentrer dans la place, il fait garder toutes les issues de la ville de façon à la saisir quand elle se présentera. Mais Jeanne, qui a prévu ce tour, loin de songer à regagner Hennebont, s'en éloigne au galop, avec son escadron, en criant : « Chevauchons vers *Brech*[3] ! » c'est-

[1] Froissart-Luce II, p. 144-45, et 359-60.

[2] *Ibid.*, p. 361.

[3] *Ibid.* Très probablement, Jeanne de Flandre ne voulant pas faire connaître le nom de sa retraite, cria à ses hommes : Route de *Brech*, au lieu de : Route d'*Aurai*. Les Français qui entendirent ce cri ou auxquels il fut rapporté, ne connaissant pas Brech, comprirent « Route de *Brest* » et l'un d'eux raconta plus tard le fait, avec cette erreur de nom, à Froissart qui l'a

à-dire vers Aurai, car le chemin de Brech est le chemin d'Aurai, et c'est à Aurai, place forte tenue par les Montfortistes, qu'elle va chercher un asile. Louis d'Espagne détrompé se jette avec rage à sa poursuite. Dépit impuissant, il ne peut la rejoindre et se borne à ramasser sur la route quelques traînards : maigre consolation. Les Français eux-mêmes, stupéfaits, émerveillés, disaient entre eux :

— Voyez cette vaillante comtesse, comme elle sait bien la guerre : que d'exploits elle a faits aujourd'hui ! Sortie d'Hennebont malgré nous, elle a brûlé tout notre camp, délivré sa ville de notre assaut, maintenant elle se va mettre en sûreté dans Aurai : tout cela sans avoir eu le moindre mal[1].

Mais les pauvres habitants d'Hennebont gémissaient : qu'était devenu leur comtesse, leur gloire, leur protection, leur rempart ? qu'allaient-ils devenir sans elles ? Les assiégeants se plaisaient à aigrir leur douleur :

— Allez, leur criaient-ils, allez donc la chercher, votre comtesse. Elle est perdue, bien perdue, et jamais vous ne la reverrez[2] !

Les Français ne purent toutefois profiter du désarroi des malheureux Hennebonais pour pousser le siège de la place. Non-seulement ils n'avaient plus de logements, ils n'avaient pas davantage de vivres, de provisions, de munitions, de machines de guerre : tout avait grillé. Il leur fallut chercher de tous côtés, même jusqu'à Rennes, tout ce qui leur manquait. Ils remplacèrent leurs tentes et leurs baraquements par des loges de feuillages, où dans cette belle saison d'été ils se trouvaient fort bien, et ils rapprochèrent leur camp de la ville[3].

La duchesse de Bretagne comtesse de Montfort ne comptait point

adoptée, qui place *Brait* (c'est son orthographe habituelle de Brest) à quatre lieues d'Hennebont (p. 360), et qui dit que Jeanne repartit de *Brait* à minuit pour arriver à *Hennebont* (vers le 15 juin) au lever du soleil (p. 146 et 363), c'est-à-dire qu'elle fit cette route (40 lieues au moins) en moins de quatre heures. Le Baud, qui connaissait les situations et les traditions locales, a indiqué Aurai comme le lieu de la retraite de Jeanne dans les deux versions de son *Histoire de Bretagne* ; il ne faut pas hésiter à le suivre.

[1] Froissart, éd. Luce II, p. 362.

[2] Id. *Ibid.* p. 146, 363.

[3] Id. *Ibid.* p. 14?, 363.

rester hors d'Hennebont. Elle aimait trop cette ville et ses habitants pour les abandonner. Cinq jours après sa venue à Aurai, elle réveilla vers minuit ses trois cents cavaliers et leur dit :

— « Ma bonne gent de Hennebont est, je le sais, en grant malaise de moi. Il faut que je les réconforte et que nous rentrions dans la ville, je vous apprendrai comment. »

Donc à cheval[1] et en route ! D'une ville à l'autre la distance est de six lieues (26 kilomètres). A trois heures du matin, au premières lueurs du jour, l'escadron de Jeanne de Flandre aperçut les loges feuillues du nouveau camp français. Par une ruse audacieuse, elle envoya un détachement de son petit corps, aux ordres des intrépides Guillaume de Cadoudal et Yves de Trésiguidi, donner une fausse alerte au quatier de ce camp le plus éloigné de la ville[2] ; et pendant que les Français sortaient de leurs loges à demi endormis cherchant leurs agresseurs, devant la duchesse s'ouvraient les portes d'Hennebont, le détachement de Cadoudal et Trésiguidi venait rapidement la rejoindre, et tous entraient dans la ville, soulevant la folle joie de la foule et ses acclamations triomphales, au bruit de tous les instruments qui en pouvaient faire, trompes, buccines, nacaires, cornemuses, etc.[3].

Par cette délirante musique les Français apprirent la nouvelle audace de la comtesse, le nouveau et sanglant tour qu'elle venait de leur jouer. Furieux, tous les seigneurs s'armèrent et suivis de leurs hommes poussèrent contre la ville une nouvelle et violente attaque, que les gens d'Hennebont du haut de leurs créneaux repoussèrent avec une égale ardeur. Même résultat que dans les autres assauts de ce genre : vers trois heures après midi, les assaillants quittèrent la partie beaucoup plus maltraités que les assiégés, « car leurs gens, dit Froissart, se faisoient tuer et navrer sans raison[4] » et sans

[1] « Fist laisser là tous les foibes cevaus (chevaux) et renouveller d'autres » Froissart-Luce, II, p. 395).

[2] Id. *Ibid.*, d'après la troisième rédaction de Froissart contenue dans le ms. de Rome, qui seul donne ce détail, ainsi que les paroles de Jeanne à ses compagnons, et beaucoup d'autres circonstances de ce récit, d'un caractère très original et très vivant.

[3] Froissart, édit. Luce, II, p. 363.

[4] Id *Ibid.* p. 146, 364

aucun résultat. Dans leur dépit les Français disaient « que c'était le diable qui protégeait la comtesse[1]. »

Charles de Blois, qui dans la guerre de Bretagne n'avait eu jusqu'alors que des succès, était agacé de n'avoir ici que des disgrâces et de voir cette place de second ordre tenir en échec la brillante compagnie des seigneurs français et bretons ralliés à sa bannière et sa nombreuse armée très capable assurément de fonrnir à deux sièges comme celui-ci. Aussi résolut-il de la partager en deux corps, dont l'un commandé par Louis d'Espagne resterait devant Hennebont, tandis que l'autre sous les ordres de Charles lui-même irait assiéger Aurai, ce qui en effet s'exécuta dès le lendemain[2].

Cette circonstance peut servir pour dater approximativement les événements de ce siège. Il reste de Charles de Blois un acte authentique donné : « *En noz tentes devant la ville de Hainbont,* « *le 13e jour de juin, l'an de grâce 1342*[3]. » Ainsi à cette date Charles de Blois n'avait pas encore quitté le siège d'Hennebont pour aller à Aurai, et comme il y alla le lendemain du retour de la comtesse de Montfort, ce retour ne saurait être postérieur au 13 juin 1342, et de même tous les événements du siège d'Hennebont racontés par nous jusqu'à présent se placent dans la première moitié de juin, antérieurement à cette date.

Louis d'Espagne[4] n'était pas seulement très brave, il avait la

[1] « Et dirent li seigneurs entre eulx que li diables portoient celle comtesse » (Id. *Ibid.* p. 365.

[2] Id. *Ibid.* p. 146-47, 364, 369.

[3] Archives Nationales, *Trés. des Chartes.* Reg. JJ 74. nº 689, f. 410 vº. Donation de la châtellenie du Châteaulin sur Trieu, faite par Charles de Blois au Génois Ayton Doria, l'un des chefs de son armée.

[4] Ce personnage dont on a déjà parlé, dont on parlera encore, a joué un rôle important dans les guerres de Bretagne. Originaire d'Espagne comme son nom, l'indique, il était arrière-petit-fils d'Alfonse X roi de Castille et de Léon mort en 1284, par Ferdinand infant de Castille dit *de la Cerda* fils d'Alphonse X et mort avant lui en 1275, laissant un fils Alfonse de la Cerda qui, ayant été exclu du trône de Castille auquel il avait des droits, se retira en France où il devint lieutenant-général du roi Charles IV le Bel en Languedoc et baron de Lunel par son mariage avec Mahaut dame de Lunel, et où il mourut en 1327. De ce mariage naquit notre *Louis d'Espagne* qui fut amiral de France en 1341, puis maréchal de l'armée française en Bre-

réputation d'un habile homme de guerre. Contre Hennebont il changea complètement la méthode d'attaque suivie jusqu'à ce moment. Il n'envoya plus ses hommes se faire tuer pour forcer les palissades des bailles sans toujours y réussir, et quand ils y parvenaient, pour se ruer inutilement avec leurs échelles contre les murs d'Hennebont, — au haut desquels, vu la force et l'impétuosité de la défense, ils ne pouvaient réussir à se hisser, revenant toujours bredouille dans leur camp, avec *grant plenté* de morts et de blessés. Ce système désastreux s'entêtait à vouloir prendre la place à coup d'hommes ; Louis d'Espagne résolut de s'en emparer à coups de machines de guerre. « Messire Louis d'Espaigne fit amener et char- « royer de la cité de Rennes douze grands engins ou machines de « guerre (dit Froissart dans sa seconde rédaction) et les fit dresser « devant Hennebont. » La troisième rédaction porte : « Les Fran- « çois firent charpenter et fabriquer de grands engins et en firent « venir d'autres de Rennes et de Nantes ; tous furent dressés contre « la ville d'Hennebont. » Quant au résultat, Froissart ajoute : « Ces « engins jetoient continuellement contre les murs, les tours et les « portes de la ville des pierres de faix[1], qui brisaient et disloquaient « les murs et en ébranlaient beaucoup la solidité, si bien que les « défenseurs de la place commençoient à s'effrayer du péril qui les « menaçait, d'autant qu'on n'avait aucune nouvelle du secours que « devait leur amener messire Amauri de Clisson[2]. »

Ce fut là évidemment la plus longue période du siège et la plus critique. Pour fabriquer ces engins, pour les faire venir de Rennes et de Nantes il fallut du temps. D'après le langage de Froissart il est évident que les Français n'essayèrent pas de faire brèche dans les murs d'Hennebont par la mine ou par la sape et se contentèrent de les ébranler en lançant sur les parties les plus faibles et les plus mal bâties des pierres et d'autres projectiles d'un poids

tagne, créé en 1344 prince des Iles Fortunées par le pape Clément VI, et qui vivait encore en 1351. Son père eut d'un second mariage un autre fils, dit Charles d'Espagne, comte d'Angoulême, qui fut connétable de France de 1350 à 1354.

[1] Des pierres d'un très grand poids.

[2] Voir Froissart, édit. Luce II, p. 367 et 370

énorme. Le résultat de ce genre d'attaque était beaucoup plus lent et plus incertain que celui de la sape. Les assiégés essayèrent sans doute de détruire ces engins, sans y réussir suffisamment. S'il existait des courtines d'une construction défectueuse, le tir persistant des mangonneaux, des trébuchets, des balistes, dut finir par les crevasser et les ouvrir, et bien qu'il ne fût pas difficile de boucher ces petites brèches, on put craindre de voir l'enceinte s'effondrer sur plusieurs points à la fois, ce qui, vu la supériorité numérique des assiégeants, eût rendu bien difficile la défense de la place. Aussi parmi les assiégés commença-t-on de songer à une capitulation.

Il y avait dans la ville des influences qui s'exerçaient systématiquement en ce sens, entre autres, Gui de Léon, évêque de Léon attaché jusqu'à ce moment au parti de Monfort, bien qu'il eût pour neveu Hervé de Léon qui, lui, depuis la prise de Nantes de l'an 1341 était un des plus chauds partisans de Charles de Blois. Toutefois Froissart s'est trompé en nommant cet Hervé parmi les seigneurs de l'armée blaisienne qui faisaient le siège d'Hennebont : il ne pouvait s'y trouver étant depuis le mois de mai prisonnier de guerre des Anglais. Mais la famille de cet Hervé était nombreuse il avait entre autres un cousin, Guillaume de Léon, seigneur de Hacqueville en Normandie, qui dut prendre une grande part à ces guerres[1] et qui était comme lui neveu de l'évêque Gui de Léon. C'est de ce Guillaume sans doute qu'il s'agit en cette occurrence, c'est ce prénom qu'il convient de substituer dans le récit de cet épisode à celui d'Hervé.

Gui de Léon, fortement sollicité par sa famille tout entière engagée dans le parti de Charles de Blois, voulut y rentrer par un coup d'éclat, en se donnant le mérite de soumettre à Charles l'invincible forteresse d'Hennebont. Avec son neveu le Blaisien il intrigua pour faire obtenir aux défenseurs de la ville de bonnes conditions, capables de les déterminer à se rendre, et d'autre part il intrigua avec ceux-ci pour les pousser, en exagérant le péril, à la capitulation. Jeanne de Flandre, qui devinait une machination ourdie

[1] Voir la table généalogique de la maison de Léon dans D. Morice, *Hist de Bret*. I, p. XVI.

contre elle, avait envoyé un messager à Tangui du Chastel pour l'appeler à son secours[1]. En attendant « elle estoit en grande angoisse de cœur et menoit ses gens de douces paroles :

— « Bonnes gens et mi bons amis, leur disait-elle, li corage « me dit que nous aurons prochainement bonnes nouvelles d'An- « gleterre et du secours que nous amène Amauri de Clisson. »

Mais l'évêque de Léon pressant de nouveau la reddition, la duchesse vit que bon nombre de ses amis y inclinaient. « Elle issit de « son chastel et vint en la ville parler à eux et les pria en plorant « qu'ils ne voulussent faire aucun traité avec les François. — Li « auqun en eurent pitié et dirent :

— « Dame, ce qui nous inquiète, c'est que vous n'ayez point ce « secours d'Angleterre et que messire Amauri n'ait pu faire votre « message, car il survient sur la mer tant de périls et de fortunes. « Mais quelque traité que nous fassions, nous vous jurons que « vous serez gardée de votre corps, avec liberté de vous retirer « dans la plus forte de vos places qu'il vous plaira, et au sur- « plus nous ne conclurons rien avant cinq jours. D'ici là peuvent « survenir bien des choses. »

« Vous dites vérité, respondit la « comtesse, et grant mercis[2] ».

Achevons ce récit avec le texte même de Froissart (manuscrit de Rome) :

« Trois jours après cet échange de paroles, il advint que la comtesse, estant levée très matin, un petit après soleil levant regarda la mer et vit flamboyer grant foison de voiles en nefs sur des vaisseaux : c'estoit la navie (la flotte) d'Angleterre qui venoit. Et plus attendoit la comtesse, et plus approchoient ces voiles. Et quand elle vit ces banières flamboyer et venteler, de joie elle se laissa choir. Ses gens qui estoient près d'elle la relevèrent. Et quand elle parla elle dit :

— « Or tôt descendez en ville, noncez ces nouvelles à ces chevaliers. Véci le secours d'Angleterre qui nous vient[3] ! »

Les chevaliers de Jeanne de Flandre se hâtèrent de notifier à l'é-

[1] *Gr. Chron de France*, édit. 1837, V, p. 415.

[2] Sur tout ce qui précède voir Froissart, édit. Luce, II, p. 370, 371, ms. de Rome.

vêque de Léon la fin des négociations menées par lui avec tant de zèle ; il en fut très mortifié et voulut même insister, remontrant que son neveu (Guillaume de Léon) était là devant la porte de la ville avec une troupe de Blaisiens, prêt à y entrer. On lui dit que son neveu pouvait retourner au camp, qu'il ne s'agissait plus de se rendre mais de se battre. Le prélat indigné sortit de la ville et envoya dire à la duchesse qu'il lui retirait son hommage et sa féauté et passait à Charles de Blois :

— « Qu'il parte, j'en ai assez d'autres sans lui ! » s'écria allègrement Jeanne de Flandre qui, la figure rayonnante, assistait en ce moment même, sur le port d'Hennebont, au débarquement du secours Anglais[1].

Selon Froissart, ce secours se composait de cent vingt voiles[2] portant 300 hommes d'armes et 2,000 archiers[3] ; avec les 500 hommes de la garnison d'Hennebont[4], il y en avait certainement assez pour attaquer et détruire les redoutables engins de Louis d'Espagne : donc c'était le salut. Le premier qui débarqua de cette flotte fut Amauri de Clisson, le tuteur et gardien du petit Jean de Montfort, l'ambassadeur expédié en Angleterre par la duchesse pour ramener le secours si longtemps attendu. Jeanne « le ala embracier et baiser moult doucement et lui dist :

— « Ha ! Amauri, que vous avez tant tardé, et que je vous ai tant désiré[5] ! »

Amauri se disculpa, nous verrons ailleurs comment, et présenta à la duchesse le chef du secours Anglais, Gautier de Manny dont on a déjà parlé plus d'une fois et qui joua dans ces guerres un rôle important. « Il pouoit (dit Froissart) estre en l'âge de trente-six ans, « biaus chevalier au teint vermeil, doux et plaisant à regarder, de « tous membres bien façonné :

— « Dame, dit Amauri, véci *le capitaine*, c'est son titre, c'est un

[1] Froissart-Luce, II, p. 375.
[2] Id. *Ibid.*, p. 374.
[3] Id. *Ibid.*, p. 376.
[4] Id. *Ibid.*
[5] Id. *Ibid.*, p. 372.

chevalier en qui le roi d'Angleterre et tous les seigneurs de son conseil ont pleine confiance[1]. »

La duchesse embrassa le capitaine, comme Amauri, « moult doucement » et daigna étendre la même faveur aux autres chefs. Puis elle mèna tous ces chevaliers au château d'Hennebont et leur fit grand festin. Les trois jours précédents, sur la demande du zélé négociateur l'évêque de Léon, les assiégeants avaient fait taire leurs engins : quand ils apprirent la rupture des négociations ils leur rendirent la parole. Au beau milieu de leur dîner, les chevaliers anglais entendirent tout à coup le bruit de lourds projectiles lancés par les machines, tombant sur les murs d'Hennebont à grand fracas. Cette musique imprévue les surprit et les effraya d'abord un peu. Mais après le dîner, Gautier de Manny s'étant enquis des ressources de la place et ayant su par les chefs bretons (notamment par Yves de Trésiguidi et Guillaume de Cadoudal) que la situation à cet égard était excellente, car Hennebont, grâce au Blavet, en fait de vivres, de munitions, de provisions de toute sorte, n'avait jamais manqué de rien :

— « Donc, dit Manny aux Bretons, je veux vers l'heure du souper aller voir ce grand engin qui fait tant de vacarme. Tenez vos gens prêts, les miens le seront aussi, nous irons ensemble abattre et démolir cette machine qui est trop près de nous et nous empêcherait de dormir[2]. »

Le soir même, un millier d'hommes, Anglais et Bretons, 500 cavaliers, 500 archers, sortirent de Hennebont et attaquèrent cet engin tapageur. Les Français avaient laissé pour sa garde 100 « ar-

[1] Ce chevalier, dont il a déjà été question et qui joua un rôle important dans la guerre de Blois et de Montfort, servait le roi d'Angleterre Édouard III. « Il était originaire du Hainaut et appartenait à la famille des seigneurs de *Masny* ou *Masni*, dép. du Nord, arrond. et canton de Douai. » (Siméon Luce, *Hist. de Bertrand du Guesclin*, p. 44). Les chroniqueurs anglais contemporains le nomment *Manni* ou *Manny*. C'est donc à tort que les historiens bretons, trompés par l'orthographe des éditeurs de Froissart l'appellent *Mauni* ou *Mauny* (nom de famille et nom de terre de la paroisse de Landéhen près de Lamballe), ce qui semble rattacher cet Anglo-Flamand aux *Mauni* de Bretagne, cousins de Du Guesclin, avec lesquels il n'avait aucun rapport.

[2] Froissart, éd. Luce, II, p. 376-77, ms. de Rome.

mures de fer » et 100 arbalétriers, qui pouvaient en disputant le terrain, donner le temps aux assiégeants d'envoyer d'autres troupes pour sa défense : mais ces 200 hommes s'enfuirent sans combattre, et les Anglo-Bretons qui avaient avec eux des charpentiers eurent vite fait de couper d'abord la flèche de l'engin, puis de le démembrer complètement. Continuant à faire le tour de la ville, ils démolirent également deux ou trois autres machines, les dernières ou à peu près restant des douze, car la garnison d'Hennebont en avait déjà détruit plusieurs.

Les Français, après y avoir mis le temps, sortirent enfin au nombre de deux mille pour défendre leurs engins contre la troupe de Gautier de Manny, qui, plus faible de moitié, fit une belle résistance et rentra en bon ordre derrière les bailles, où les assiégeants ne l'attaquèrent pas d'autant que la nuit venait, et rentrèrent assez penauds dans leur camp[1].

Le lendemain les chefs de l'armée française tinrent conseil. Ils étaient depuis un mois devant Hennebont, ils y avaient perdu beaucoup de monde pour ne gagner que des coups. Avec le secours anglais ce serait mieux encore, ils n'avaient plus aucune chance de prendre la place. Tous furent d'avis de décamper. Ce qu'ils firent le jour suivant de grand matin après avoir mis le feu dans leurs huttes de feuillage, et ils allèrent rejoindre Charles de Blois toujours occupé au siège d'Aurai, qui semblait devoir résister autant qu'Hennebont[2].

[1] Froissart, éd. Luce, p. 153, 373, 477.

[2] Id. *Ibid.*, p. 154, 378, 380. Aurai finit par être pris, mais après avoir résisté dix semaines, Id. *Ibid.*, p. 159 et 395.

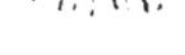

Vannes. — Imprimerie LAFOLYE, 2, place des Lices.

www.ingramcontent.com/pod-product-compliance
Lightning Source LLC
LaVergne TN
LVHW020455230826
846091LV00008BA/3213